T0085874

القرش

مفترسُ القمّة

FIRST EDITION
Series Editor Deborah Lock; **US Senior Editor** Shannon Beatty; **Editor** Radhika Haswani;
Senior Art Editor Ann Cannings; **Art Editor** Kanika Kalra; **Producer, Pre-Production** Nadine King;
Picture Researcher Sakshi Saluja; **DTP Designers** Neeraj Bhatia, Dheeraj Singh;
Managing Editor Soma Chowdhury; **Art Director** Martin Wilson;
Reading Consultant Linda Gambrell, PhD

THIS EDITION
Editorial Management by Oriel Square
Produced for DK by WonderLab Group LLC
Jennifer Emmett, Erica Green, Kate Hale, *Founders*
Arabic version produced for DK by Fountain Creative

Editors Grace Hill Smith, Libby Romero, Michaela Weglinski;
Arabic Translation Mohamed Amin; **Arabic Proofreaders** Rami Ahmad, Ahmed Ibrahim
Photography Editors Kelley Miller, Annette Kiesow, Nicole DiMella; **Managing Editor** Rachel Houghton;
Designers Project Design Company; **Researcher** Michelle Harris; **Copy Editor** Lori Merritt;
Indexer Connie Binder; **Proofreader** Larry Shea; **Reading Specialist** Dr. Jennifer Albro;
Curriculum Specialist Elaine Larson

Originally published in the United States in 2023 by DK Publishing
1745 Broadway, 20th Floor, New York, NY 10019

Original title: *Shark: Apex Predator*
First edition 2023
Copyright © 2023 Dorling Kindersley Limited
© Arabic translation 2024 Dorling Kindersley Limited
24 25 26 27 28 10 9 8 7 6 5 4 3 2 1
001-341992-Mar/2024

ISBN: 978-0-5938-4277-5

Printed and bound in China

The publisher would like to thank the following for their kind permission to reproduce their images:
a=above; c=center; b=below; l=left; r=right; t=top; b/g=background

123RF.com: solarseven 50tr; **Alamy Stock Photo:** ArteSub 33crb, BSIP SA / JACOPIN 34bc, Harry Collins 26-27bc, Chris Gomersall
43tr, Matt Heath 8-9br, Louise Murray 37b, 41tl, Nature Picture Library / 2020VISION / Alex Mustard 44-45bc, Nature Picture Library
/ Alex Mustard 42tl, Doug Perrine 30tr, 38tl, 38-39bc, Robertharding / Louise Murray 54tr, Marko Steffensen 42-43bc, 61cla,
WaterFrame_fba 52tr, WaterFrame_tat 45clb; **Dreamstime.com:** Greg Amptman 12tl, Fiona Ayerst 22-23bc, 60tl, Nicolás Sánchez
Biezma 14tl, Salvador Ceja 30crb, Csaba Fikker 6tl, Fototrips 19clb, Frhojdysz 6cl, Simone Gatterwe 48tr, Elizabeth Hoffmann 51tl,
Izanbar 20br, Jagronick 61clb, Kelpfish 52bl, Torsten Kuenzlen 19cla, Yisi Li 18-19bc, Lukaves 35crb, 54cl, Shane Myers 13bl, Naluphoto
19tl, 21bl, 58-59bl, Photomailbox 57tl, Planetfelicity 36cb, 61tl, Ondřej Prosický 47tl, Radub85 27tl, Ramzes19846 55tl, Rixie 36tl,
Michael Schmeling 13cr, Ian Scott 60cla, Sergioua 21tr, Akbar Solo 59tl, Starryvoyage 56tr, Syda Productions 44cra, Mogens Trolle
24tl, Michael Valos 32-33bc, 40cr, 50bl, Vkilikov 14clb, Vladvitek 34-35bc, 60bl, Martin Voeller 32tl, Dongfan Wang 32clb, Marcin
Wojciechowski 39tr; **Getty Images:** Moment / by wildestanimal 53br; **Getty Images / iStock:** BartCo 46-47bc, Ryan Cake 31tl,
Howard Chen 60clb, cinoby 17b, CoreyFord 7tr, Divepic 4-5, FionaAyerst 25tr, Michael Geyer 10-11, HakBak1979 14-15br, Hoatzinexp
24-25bc, June Jacobsen 23tl, LeicaFoto 55cr, Nature, food, landscape, travel 47clb, NNehring 45c, RainervonBrandis 26tr, Rebecca-
Belleni-Photography 45tl, Natalie Robson 13tr, Philip Thurston 53tl, tswinner 16tl, vladoskan 48bl; **NASA:** EOSDIS / LANCE and GIBS
/ Worldview 58tr; **naturepl.com:** Franco Banfi 36br, Chris & Monique Fallows 49clb, Andy Murch 40-41bc, Doug Perrine 37tr;
Science Photo Library: Roger Munns, Scubazoo 20tl, Louise Murray 49tl; **Shutterstock.com:** Michael Bogner 24bl, Willyam
Bradberry 22t, frantisekhojdysz 6-7bc, Jessica Heim 28bl, Alessandro De Maddalena 30-31bc, Matt9122 10tl, 19tc, 33tt, shmatkov 50crb,
Daniel Vasylyev 29t;

Cover images: *Front:* **: Alamy Stock Photo:** Nature Picture Library / Chris & Monique Fallows;
Back: **Shutterstock.com:** Alex Vog clb; *Spine:* **Alamy Stock Photo:** Nature Picture Library / Chris & Monique Fallows b

All other images © Dorling Kindersley
For more information see: www.dkimages.com

www.dk.com

القرش

مفترسُ القمّة

Ruth A. Musgrave

DK

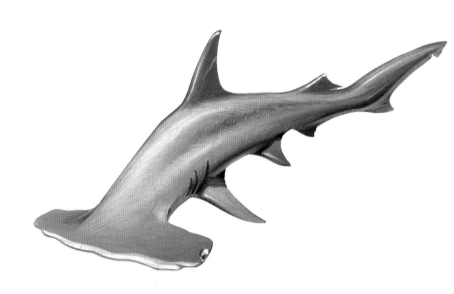

المحتويات

6 ما المقصود بمفترس القمة؟

12 قرش النمر

22 قرش الثور

28 قرش الماكو قصير الزعانف

32 قرش المطرقة العظيم

36 قرش جرينلاند

42 القرش المتشمس

46 القرش الأبيض العظيم

56 على القمّة، لكن يمكن أن يُقهر

60 معرض قروش القمة

62 المسرد

63 الفهرس

64 الاختبار

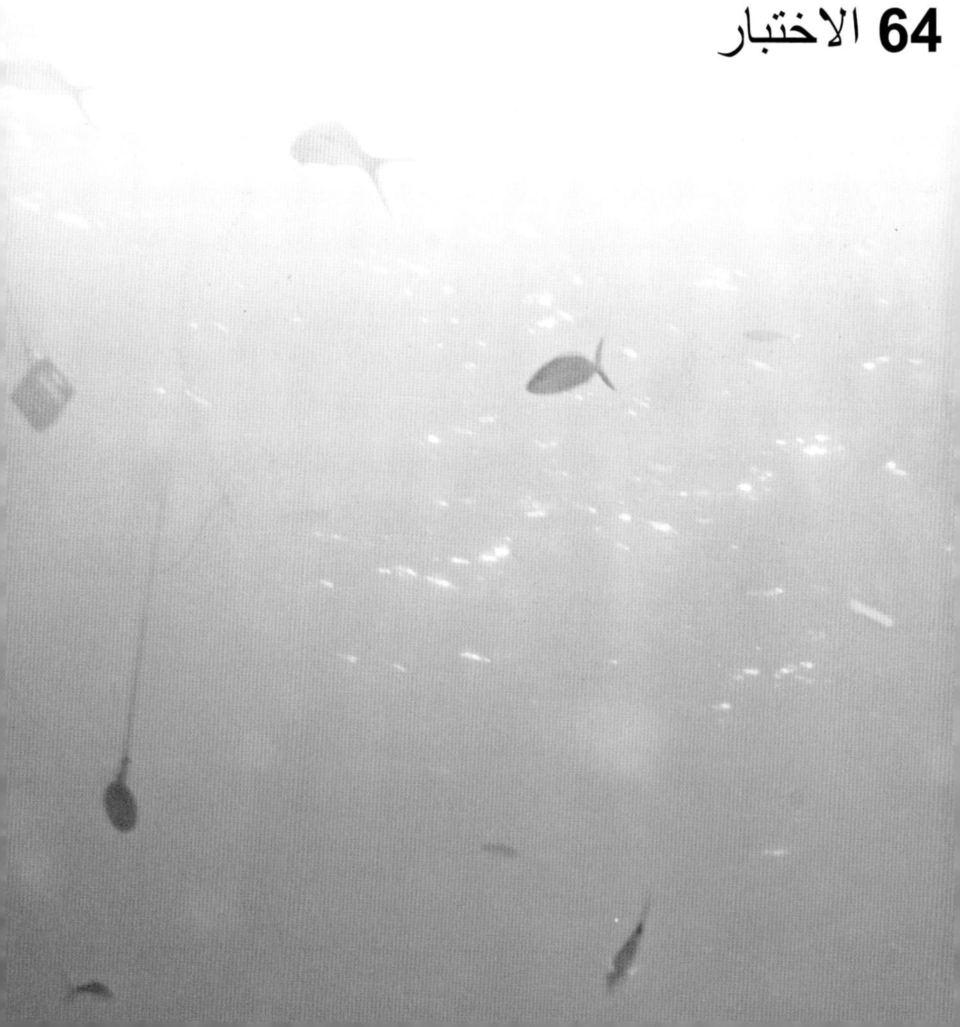

ما المقصود بمفترس القمة؟

مفترسُ القمّة ليس مجرّد الكلب القائد، أو الزعيم الكبير، أو الحيوان الأكثر رعبًا. إنّه يحتل قمّة هرم السلسلة الغذائية. وهو يحمل هذه المكانة لأن البالغين الأصحّاء منه لديهم القليل من المفترسين إن وُجِدوا بالأصل.

توصَف مفترسات القمّة بأنها ضخمة ومسيطرة، لأنها تكون عادة من الحيوانات الكبيرة التي تصطاد فرائس كبيرة ونطاقُ نفوذها واسعٌ وممتد.

مُفترِسو المُفترِسات
صغار مُفترِسات القمة هي فريسة للحيوانات الأكبر مثل حيتان أوركا.

النظام الغذائي للقرش
يختلف النظام الغذائي للقرش باختلاف نوع وعمر القرش والمكان الذي يعيش فيه.

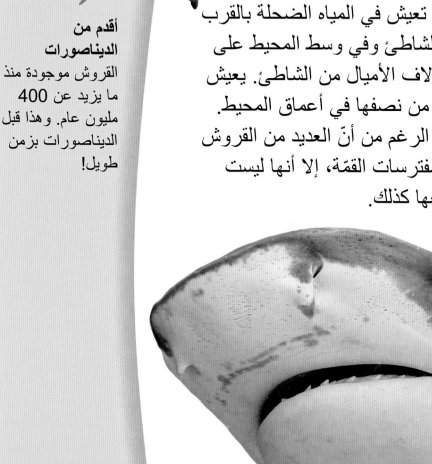

يوجد أكثرُ من 500 نوعٍ من أسماك القرش تجوب المحيطات وبعض الأنهار والبحيرات العذبة. وهي تعيش في المياه الضحلة بالقرب من الشاطئ وفي وسط المحيط على بعد آلاف الأميال من الشاطئ. يعيش أكثر من نصفها في أعماق المحيط. على الرغم من أنّ العديد من القروش من مفترسات القمّة، إلا أنها ليست جميعها كذلك.

أقدم من الديناصورات
القروش موجودة منذ ما يزيد عن 400 مليون عام. وهذا قبل الديناصورات بزمن طويل!

شبكة الغذاء
تصف شبكة الغذاء تداخل جميع السلاسل الغذائية في الموطن.

ما الفرق بين المُفترِس الأعلى ومُفترِس القمة؟ يعتقد العلماء أن وجود مفترس القمة يسبب تفاعلًا معقدًا وإيجابيًا في الوقت نفسه بالسلاسل داخل شبكة الغذاء.
فمفترسات القمة تساعد في الحفاظ على نظام بيئي صحي.
إذ تؤثر مفترسات القمة في الحيوانات الأخرى إما بالتغذي عليها وإما بتنفيرها.
وعلى الفرائس تحقيق التوازن بين السلامة وإيجاد ما يكفي من الغذاء لتناوله. دون مفترسات القمة، ربما تتعطل شبكة الغذاء بأكملها حتى إنها قد تتدمر. أما المفترسات العليا، رغم أهميتها، ربما لا تضطلع بمثل هذا الدور المهم أو الفريد.

وظيفةٌ مهمة
تقوم المفترسات بمهمّة تخفيضِ أعداد الفرائس من خلال أكل الحيوانات الضعيفة والبطيئة والصغيرة والكبيرة والمريضة. وهذا يدعُ الحيوانات الأقوى تحيا وتتكاثر، مما يحافظ على بقاء مجتمعات الحيوانات صحيّة.

ولا يزال العلماء يتعرفون على مفترسات القمة من القروش في جميع أنحاء العالم. ولفعل ذلك، عليهم فهم كيفية تصرف الحيوانات في شبكات الغذاء المختلفة وكيفية استخدام الحيوانات للمواطن عند وصول القروش وعند مغادرتها.

تشريح القرش

بحواسها الفائقة وأجسامها القوية، تعد القروش مفترسات قوية.

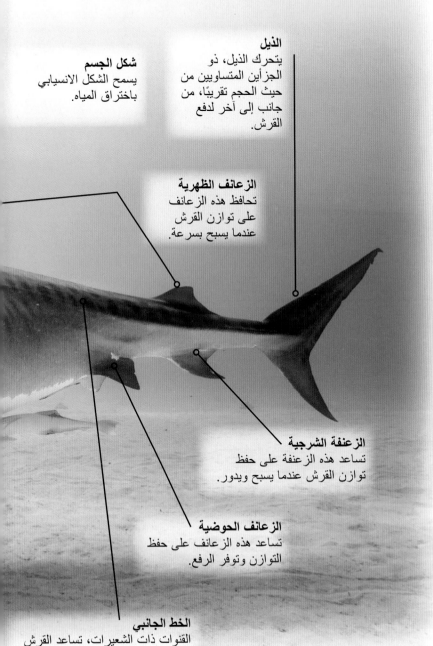

الذيل
يتحرك الذيل، ذو الجزأين المتساويين من حيث الحجم تقريبًا، من جانب إلى آخر لدفع القرش.

شكل الجسم
يسمح الشكل الانسيابي باختراق المياه.

الزعانف الظهرية
تحافظ هذه الزعانف على توازن القرش عندما يسبح بسرعة.

الزعنفة الشرجية
تساعد هذه الزعنفة على حفظ توازن القرش عندما يسبح ويدور.

الزعانف الحوضية
تساعد هذه الزعانف على حفظ التوازن وتوفر الرفع.

الخط الجانبي
القنوات ذات الشعيرات، تساعد القرش على الشعور بالحركة في الماء.

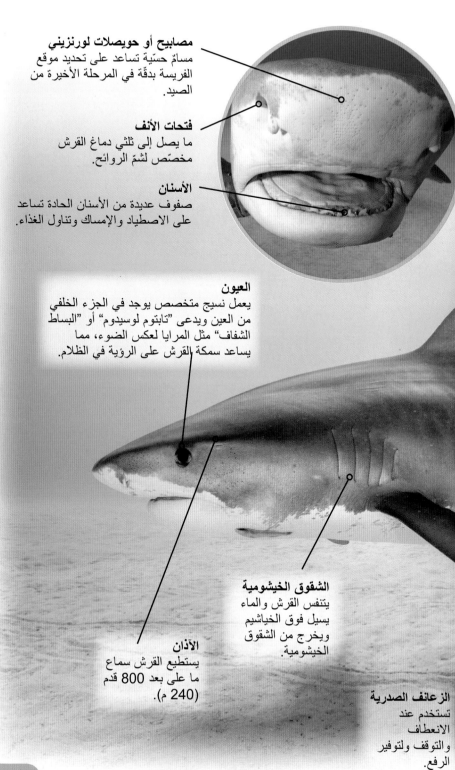

مصابيح أو حويصلات لورنزيني
مسامٌ حسّية تساعد على تحديد موقع الفريسة بدقّة في المرحلة الأخيرة من الصيد.
فتحات الأنف
ما يصل إلى ثلثي دماغ القرش مخصّص لشمّ الروائح.
الأسنان
صفوف عديدة من الأسنان الحادة تساعد على الاصطياد والإمساك وتناول الغذاء.
العيون
يعمل نسيج متخصص يوجد في الجزء الخلفي من العين ويدعى "تابتوم لوسيدوم" أو "البساط الشفاف" مثل المرايا لعكس الضوء، مما يساعد سمكة القرش على الرؤية في الظلام.
الشقوق الخيشومية
يتنفس القرش والماء يسيل فوق الخياشيم ويخرج من الشقوق الخيشومية.
الآذان
يستطيع القرش سماع ما على بعد 800 قدم (240 م).
الزعانف الصدرية
تستخدم عند الانعطاف والتوقف ولتوفير الرفع.

قرش النمر

يُحرّك قرش النمر ذيله ببطءٍ من جانبٍ لآخر أثناء سباحته في مياه خليج القروش الضحلة في غرب أستراليا. وتتمايل مروج الأعشاب البحرية أسفل القرش مع تيارات المحيط.

يبحث القرش عن السلاحف البحرية والثعابين البحرية والطيور البحرية وأبقار البحر على سطح المياه. وتساعد أشعة الشمس في الكشف عن ظلال الفرائس.

يرى قرش النمر سلحفاة بحرية خضراء ويتسلل نحوها. لكن السلحفاة الحذرة تدور، وترى القرش، وتسبح بعيدًا بسرعة. لا يلاحق قرش النمر السلحفاة. فالأسهل القبض على فريسة غافلة.

يرى القرش طائر الغاق المائي يختطف سمكة. هذا الطائر البحري الغوّاص بعيدٌ جدًا حيث لا يمكن الإمساك به. فيغير القرش أسلوبه ويسبح نحو قاع البحر.

يلاحظ أحد الدلافين القرش المفترس أثناء عملية الصيد ويسبح بسرعة في المياه العميقة.

قروش النمر المسافرة

تهاجر قروش النمر لمسافات طويلة على مدار العام من أجل الصيد في بيئات مختلفة.

صيادون منفردون

أحيانًا ما تصطاد قروش النمر في المناطق نفسها التي تصطاد بها قروش نمر أخرى، لكنها لا تسبح وتصطاد معًا في العادة.

لن يجد الدلفين الكثير من الطعام الجيد في القاع، لكنه من غير المحتمل أن يواجه قرش النمر هناك. وفي مكان قريب، يحذو فرد فزِع من أبقار البحر حذو الدلفين ويسبح بسرعة إلى الأعشاب البحرية غير المرغوبة بالمياه العميقة. أما ثعبان البحر، فيختبئ في الأعشاب البحرية لتجنب اكتشافه، ثم يسبح بعيدًا.

المروج الضخمة
خليج القرش، بغرب أستراليا، هو موطن لواحدة من أكبر مروج الأعشاب البحرية في العالم.

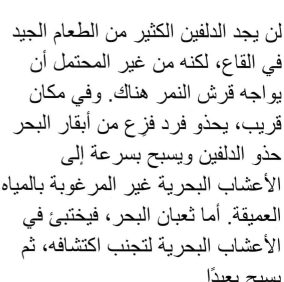

خليج القرش
خليج القرش هو ملجأٌ مساحته 8500 ميل مربع (22000 كيلومتر مربع) في غرب أستراليا. إنه أكبرُ قليلاٍ من ولاية ماساتشوستس بالولايات المتحدة الأمريكية.

يواصل القرش بحثه عن وجبة. يسبح قريباً من قاع المحيط. تدغدغ الأعشاب البحرية بطنه. يمتزج جلده المخطّط بشكل خافتٍ مع الضوءِ والظلال. هذا التمويه يجعل من الصعب رؤية هذه الأسماك التي يبلغ طولها 18 قدمًا (5.5 مترًا) حتى في المروج المشمسة. في الأمام، يكتشف سمكة الراي اللاسع. يتسلّل القرش ليقترب أكثر فأكثر. وفي لمحِ البصر يقتنصها.

حماية القطيع

تسبح الدلافين في مجموعات صغيرة تسمى القطعان. ويساعد السفر في قطعان على حماية الدلافين من القروش، المفترس الأول للدلافين.

الأطوم

الأطوم، أو بقرة البحر، هو حيوان ثديي بحري موجود في المياه الساحلية الدافئة بالمحيط الهندي وغرب المحيط الهادئ.

تعود قروش النمر إلى مروج الأعشاب البحرية هذه في الصيف. إنها تصل في ذلك الوقت لأن المزيد من السلاحف البحرية والدلافين والثعابين البحرية وأبقار البحر توجد بالمنطقة لمتابعة فرائسها هي الأخرى أو بغرض التكاثر.

رحلة الشتاء

تغادر العديد من قروش النمر خليج القرش بفصل الشتاء وتسافر في اتجاهات مختلفة. فبعضها يسافر إلى أجزاء مختلفة من أستراليا الغربية. ولقد قطع أحد القروش التي راقبها العلماء طول الطريق إلى جنوب إفريقيا.

يعد وجود قرش النمر في خليج القرش مثالًا رائعًا لكيفية تأثير مفترس القمة في شبكة غذاء كاملة.

فعندما يظهر المزيد من قروش النمر في الصيف، فإن الفرائس تضطر إلى تغيير سلوكها؛ إذ تنتقل بعض الحيوانات، مثل الدلافين وأبقار البحر، من المياه الضحلة إلى المياه الأكثر عمقًا وأمانًا؛ حيث يقل صيد القروش في كثير من الأحيان. وتختبئ حيوانات أخرى، مثل الثعابين البحرية، بالأعشاب البحرية التي تنمو في المياه الضحلة، لكنها تختار المناطق التي تزورها القروش على نحو أقل لأن الفرائس أقل وفرة.

وكذلك يؤثر وصول القروش إلى مروج الأعشاب البحرية في أجزاء أخرى من شبكة الغذاء، مما يعيدُ تشكيلَ توزيع الحيوانات ويؤثّر على اختيارها لنوعِ الفريسة ومكانها. فعلى سبيل المثال، عندما تنتقل الدلافين إلى المياه العميقة، فإن الأسماك التي

ثعابين البحر
تعيش ستة أنواع من ثعابين البحر في خليج القرش. وتولد ثعابين البحر في المياه وتقضي حياتها كلها في البحر.

الأنياب
تصطاد معظم ثعابين البحر الأسماك. وهي تشل فرائسها بأنيابها السامة.

16

تصطادها في المياه الضحلة تحصل على استراحة من مفترساتها الجائعة. كما تتاح للأعشاب البحرية فرصة للنمو عندما ترعى أبقار البحر في مكان آخر. لقد قدَّم خليج القرش موقعًا فريدًا ومهمًا لدراسة كيفية تفاعل مفترسات القمة مثل قروش النمر مع بيئتها.

أبقار البحر
يُطلق على أبقار البحر (الأطوم) هذا الاسم لأنها ترعى الأعشاب البحرية تمامًا كالأبقار التي ترعى على العشب. تجذبُ أبقار البحر الأعشابَ البحريةَ بشفتها العلويّة القوية.

ذات أسنان بارزة

تفقد القروش أسنانها وهي تتناول الغذاء. ثم تتحرك سن من الصف الخلفي إلى الأمام، وتنمو سن جديدة بالصف الخلفي.

السلحفاة البحرية ضخمة الرأس أو الحنفاء

تنفّسي بسرعة

قام العلماء بتثبيت الكاميرات على سلاحف البحر ضخمة الرأس وسلاحف البحر الخضراء بهدف فَهم السبب وراء تناول قروش النمر السلاحف ضخمة الرأس بنسبةٍ تصلُ إلى خمس مرات أكثرَ من سلاحف البحر الخضراء. أظهر الفيديو أن السلاحف ضخمة الرأس تقضي وقتًا أطول على سطح الماء مما يجعلها أكثر تعرّضًا للقروش. بينما تأخذ سلاحف البحر الخضراء نفَسًا سريعًا ثم تغوصُ في الأعماق.

يشيع عن قروش النمر أنها تتناول تقريبًا أي شيء. حتى إنهم عثروا على بعض لوحات الترخيص والإطارات في بطونها! إنها تتغذى على أشياء كثيرة. ولكن، شأنها شأن كافة القروش، فإنها لا تأكل طوال الوقت ولا تأكل كل ما تراه.

فالصفوف العديدة لأسنان قروش النمر المنشارية تساعدها على شق أصداف السلاحف والحيوانات الكبيرة مثل أسماك الراي اللاسع وأسود البحر الأخطبوطات.

خطوط النمر
بصغار قروش النمر خطوط، مثلها مثل الحيوان الذي سميت به تمامًا. وتتلاشى هذه الخطوط بتقدم القروش في العمر.

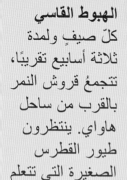

الهبوط القاسي
كلّ صيفٍ ولمدة ثلاثة أسابيع تقريبًا، تتجمعُ قروش النمر بالقرب من ساحل هاواي. ينتظرون طيور القطرس الصغيرة التي تتعلم الطيران لتستريح على سطح المحيط.

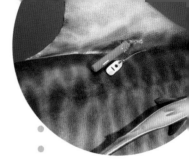

أثناء الصيد، تسبح أسماك قرش النمر إلى أعلى وإلى أسفل بين سطح الماء والمياه العميقة. ويسمي العلماء هذه العملية تقنية الغوص الارتدادي أو تقنية اليويو. ربما يساعدها أسلوب الصيد هذا في العثور على الفرائس في أماكن مختلفة. بالإضافة إلى ذلك، فإنه يجعل احتمال تنبؤ الفريسة بوجود القرش أقل. تعتمد قروش النمر على عنصرِ المفاجأة. فهي تطارد فرائسها خِلسة بالاقتراب منها قدر الإمكان. ثم تنقضّ كلمح البصر للإمساك بها. وإذا رأت الفريسة القرش في وقت مبكر جدًا وحاولت الهرب، فغالبًا ما يتخلى القرش عن المطاردة.

كاميرا القرش
تساعد الكاميرات الصغيرة المتصلة مؤقتًا بقروش النمر والقروش الأخرى العلماء على إلقاء نظرة من كثب على سلوك القروش، مثل أماكن سفر تلك المفترسات وكيفية تفاعلها مع الحيوانات الأخرى.

وسوم القروش
بين عامي 1980 و 2018، وضع العلماء وسومًا على أكثر من 8700 من قروش النمر.

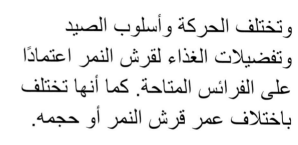

وتختلف الحركة وأسلوب الصيد وتفضيلات الغذاء لقرش النمر اعتمادًا على الفرائس المتاحة. كما أنها تختلف باختلاف عمر قرش النمر أو حجمه.

درجة الحرارة المناسبة

قروش النمر، شأنها شأن العديد من القروش الأخرى، تفضل درجات حرارة معينة للمياه. وهي تسافر على مدار العام للعثور على مياه أكثر دفئًا أو برودة. وتفضل قروش النمر المياه بدرجات حرارة بين حوالي 78°ف و 82°ف (25.5°م إلى 27.7°م).

تتبع الروائح

تسافر الروائح مسافة طويلة إذ تدفعها تيارات المحيط عبر الماء. تخيل التيار وكأنه جدول أو نهر داخل البحر. وتستخدم القروش التيارات للعثور على الفرائس البعيدة.

السعي وراء الروائح

تهز القروش رؤوسها من جانب إلى آخر أثناء السباحة. وتسمح لها هذه الحركة بالتقاط الروائح من مساحة أكبر من المحيط.

قرش الثور

يُبحر قرش الثور منفردًا ببطء عبر المياه المظلمة بالقرب من الشاطئ. فالرمال التي تطفو عليها الأمواج المتدحرجة تجعل من المستحيل تقريبًا الرؤية من خلال الماء. ويعتمد القرش على حاسة الشم المذهلة التي لديه من أجل العثور على الغذاء. إذ يسيل الماء على فتحات أنفه. فيتبع القرش رائحة قرش أصغر. وبمجرد أن يقترب قرش الثور بما يكفي، فإنه يتحرك بسرعة في إثر فريسته. أولًا، يصدم القرش الأصغر بأنفه القصير الغليظ. ثم يعضه بأسنانه الحادة.

التقاط نفَس

تستخدم القروش فتحات أنوفها للشم لا للتنفس.

مياه دافئة

يعيش مفترس القمة هذا في المياه الدافئة الضحلة على طول السواحل في شتى أنحاء العالم.

يشتهر قرش الثور بالسباحة في المياه العذبة للأنهار. وتسبح بعض أسماك قرش الثور ألف ميل (كيلومتر) أو أكثر في أعالي الأنهار.

وقد وُجِدت أسماك قرش الثور على بعد 2500 ميل (4023 كم) بأعالي نهر الأمازون في أمريكا الجنوبية و 1700 ميل (2736 كم) بأعالي نهر المسيسيبي في الولايات المتحدة. وفي جنوب إفريقيا يسمى قرش الثور قرش زامبيزي. وهو يعيش في نهر بريد.

تماسيح المياه المالحة
لوحظت تماسيح المياه المالحة تصطاد صغار قرش الثور.

الحصول على توصيلة
تتعلق بعض الأسماك بالقروش. وهي تحصل على توصيلة، وتأكل بقايا عشاء القرش.

24

القدرة على الانتقال بين المياه المالحة والمياه العذبة أمر نادر الحدوث. فعادة، لا يستطيع حيوان المياه العذبة البقاء حيًا في المياه المالحة، ولا يستطيع حيوان المياه المالحة البقاء حيًا في المياه العذبة. فالكلى والعين والجلد وأعضاء الجسم الأخرى مصممة لنوع واحد من نوعي المياه.

لكن قرش الثور يمكنه التبديل بين البيئتين. إنه مثال مدهش لقدرة مفترس القمة هذا على التكيف.

فن التوازن
تساعد الكلى والكبد لقرش الثور في الحفاظ على التوازن الصحيح للملح في جسمه.

غالبًا ما تلد إناث قرش الثور في مصبات الأنهار. المصب هو المكان الذي يلتقي عنده النهر والمحيط. وبه مزيج من المياه المالحة والمياه العذبة. ومثله مثل كافة القروش، يولد قرش الثور حديث الولادة بأسنان، ويكون مستعدًا للصيد. ومثله مثل كل صغار القروش، على الصغار الاهتمام بنفسها. وتُعدّ صغار القروش وجبة ممتازة للحيوانات الأكبر. وتوفّر الأنهار ومصباتها مكانًا أكثرَ أمانًا للقروش الوليدة والصغيرة لتكبرَ بعيدًا عن المفترسات الكبرى.

الاصطدام والعض
لأن قرش الثور غالبًا ما يصطاد في المياه المظلمة، فإنه يتبع مع فريسته أولًا أسلوب الاصطدام والعض لمعرفة إن كانت الوجبة لذيذةً أم لا.

التكيف
عندما يصعب العثور على الغذاء، يمكن لقرش الثور إبطاء عملية الأيض، ومن ثم يحتاج إلى تناول كميّات أقل من الطعام.

يسافر قرش الثور ويتناول غذاءه بمفرده. وبناءً على المكان الذي يعيش فيه، يتغذى قرش الثور على مجموعة واسعة من الفرائس. فالأسماك والروبيان والسلطعون والحبار والحلزونات ونجوم البحر وقنافذ البحر والسلاحف البحرية والطيور البحرية والقروش الأخرى والدلافين والثدييات البحرية الأخرى كلها على قائمة غذائه!

صغير قرش الثور
يبلغ طول قرش الثور حديثُ الولادة حوالي 30 بوصة (75 سم). وهذا ما يُقارب طول طفل الإنسان حديثَ الولادة.

مسكني أم مسكنك؟
يُعدّ قرش الثور وقرش النمر والقرش الأبيض الكبير أخطرُ أسماك القرش على البشر. إنها لا تصطاد البشر. لكن يتداخلُ مكانُ صيدها أحيانًا مع أماكن لعب البشر على الشاطئ.

قرش الماكو قصير الزعانف

يُطارد قرش ماكو الأزرق اللامع فريسته. يشُق البحر بأنفه المدبّب وجسمه الأملس وينساب الماء حول حراشفه.

يندفع القرش إلى الفريسة مثل القذيفة، ويمسكها بأسنانه التي تشبه الإبرة ثم يبتلعها بالكامل.

من الأنف إلى الذيل، يتمتع جسم القرش الماكو بتكيّفات مدهشة. إنها كأن تأخذ أفضل ما في جميع القروش وتجمعها لإنشاء سيارة سباق مُعدّة بدقة. تم بناء ماكو للسرعة لتكون أسرع سمكة قرش في البحر.

تصل سرعة هذه السمكة القوية إلى 35 ميلاٍ في الساعة (56 كم / ساعة) ويمكنها أن تقفز إلى 20 قدم (6 أمتار) في الهواء.

تصطاد قروش الماكو الأنواع التي تسبح بسرعة مثل التونة.

الصياد الذي يُصطاد

ليس لقرش الماكو البالغ الصحيح أي مُفترسات. أما صغار قرش الماكو، فهي غذاء للقروش الكبرى.

السرعة في الهواء

يصنعُ الماءُ مقاومةً أكثر من الهواء. وهذا يجعل التنقل في الماءِ أصعب منه في الهواء.

على عكس بعض القروش، يجب أن يواصل قرش الماكو السباحة من أجل التنفس.

تمزّق أسنانهُ الحادّةُ بسهولةٍ لحم وعظام الفرائس الأكبر مثل سمك السيف والمارلين والدلافين. يعمل ذيل قرش الماكو على دفعه للأمام. ترتفع وتنخفض حراشفه المتصلة به بشكل غير محكَم لتقليل مقاومة المياه. حتى لون قرش الماكو لامع مثل سيارات السباق، حيث يتراوح لون ظهره من الأزرق اللامع إلى الأرجواني بينما جوانبه فضّيةٌ وبطنه فضي فاتح. هذا يجعل القرش يختفي في الماء بغضّ النظر عما إذا كانت الفريسة فوقه أو تحته أو بجانبه.

قصير وطويل

هناك نوعان من قرش الماكو، قصير الزعانف وطويل الزعانف.

لنتعمّق في معرفة هذا القرش الذي يشبه سيارة السباق من خلال سرّ آخر لسرعته. قرش الماكو من ذوات الدم الحار. أما معظم القروش والأسماك الأخرى، فمن ذوات الدم البارد. وهذا يعني أن درجة حرارة أجسامها تساوي درجة حرارة المياه من حولها. وأما درجة حرارة قرش الماكو، فهي تزيد عن درجة حرارة مياه البحار المحيطة به بضع درجات.

القروش ذوات الدم الحار
القرش الأبيض الكبير (أعلاه)، وقرش بوربيغل، وقرش السلمون، وقرش الماكو طويل الزعانف هي الأخرى من ذوات الدم الحار.

صيد الماكو
يُصطاد قرش الماكو من أجل لحومه وزعانفه. كما أن سرعته وقوته وحجمه والألعاب البهلوانية التي يؤديها تجعله ذا قيمة لدى الصيادين الترفيهيين.

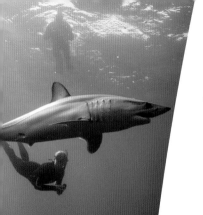

إذ يحتفظ جسم قرش الماكو بالحرارة بدلًا من فقدانها، وعضلاته دافئة دائماً. وهذا يعني أن القرش يمكنه الانطلاق بأقصى سرعة له على الفور.

تساعد العضلات الحمراء داخل جسم الماكو على الاحتفاظ بالحرارة. وهي تدفأ عند استخدامها. ولأن الماكو يسبح طوال الوقت، فإن عضلاته الحمراء دافئة دائمًا. كما تسخن هذه العضلات أيضًا الدم الذي يجري في باقي أنحاء الجسم. وهذا يساعد القرش في الاحتفاظ بدرجة حرارة جسمه عالية.

العضلات الحمراء والبيضاء

الماكو، مثله كمثل الحيوانات الأخرى، لديه عضلات حمراء وأخرى بيضاء. وبرغم التشابه، فإن العضلات البيضاء مصنوعة من ألياف تتعب بسرعة أكبر، في حين أن العضلات الحمراء مصنوعة من ألياف تتعب بسرعة أقل.

قرش المطرقة العظيم

يسبح قرش المطرقة العظيم بطول قاع المحيط. وهو يهز رأسه إلى الخلف وإلى الأمام بحثًا عن الحيوانات المدفونة في الرمال. تشد سمكة الراي اللاسع عضلاتها تحت الرمال. فيستشعر المطرقة حركة الراي اللاسع المختفي. ويُحدِث الراي اللاسع موجة من الرمال وهو يحاول الهروب من مخبئه. لكن القرش الكبير سريع. وهو يستخدم رأسه لتثبيت الراي اللاسع في قاع البحر. وفي أثناء إبقاء القرش على الراي اللاسع مستقرًا، فإنه يمسكه بفمه.

الفم من أسفل
فم قرش المطرقة على الجانب السفلي من جسمه، مما يجعل الإمساك بالفريسة في الرمال أسهل.

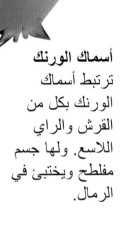

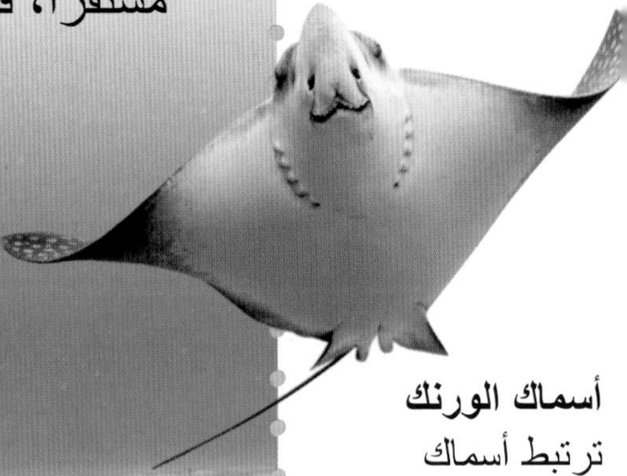

أسماك الورنك
ترتبط أسماك الورنك بكل من القرش والراي اللاسع. ولها جسم مفلطح ويختبئ في الرمال.

32

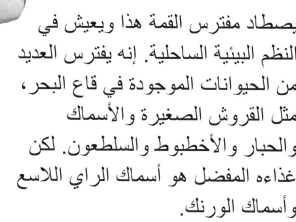

يصطاد مفترس القمة هذا ويعيش في النظم البيئية الساحلية. إنه يفترس العديد من الحيوانات الموجودة في قاع البحر، مثل القروش الصغيرة والأسماك والحبار والأخطبوط والسلطعون. لكن غذاءه المفضل هو أسماك الراي اللاسع وأسماك الورنك.

شكل الرأس
يعد قرش المطرقة العظيم أكبر الأنواع التسعة من قرش المطرقة. ويمكن التعرف عليه من خلال شكل رأسه.

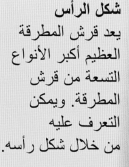

قرش صغير
يبلغ طول قرش المطرقة المولود حديثًا 15-18 بوصة (38-45 سم)، أي بحجم رغيف الخبز تقريبًا.

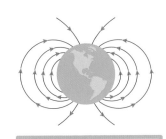

يستخدم قرش المطرقة رأسه في أمور كثيرة، منها صَدمُ وتثبيت غذائه. ومثل قرش المطرقة كمثل جميع القروش؛ إذ تغطي المسام الحسية رأسه. وتكشف هذه المسام التيارات الكهربائية التي تصدرها الحيوانات عندما تحرك عضلاتها. ويوفر رأس القرش الطويل والمستطيل مساحة أكبر لهذه المسام الحسية. وهذا الأمر يساعد قرش المطرقة في اكتشاف الفرائس المغطاة بالرمال تمامًا.

التجاذب المغناطيسي
للأرض حقل مغناطيسي تصنعه معادن مثل الحديد في لبها المنصهر. وتسمح المسام الحسية المسماة بمصابيح لورنزيني للقروش باكتشاف التغيرات في هذا المجال المغناطيسي لمعرفة الاتجاه الذي تسير فيه.

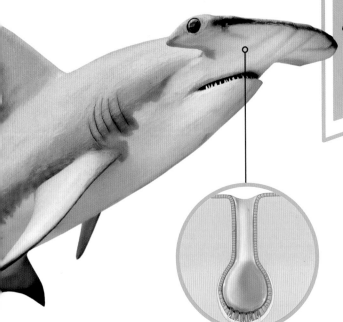

مصابيح لورنزيني

ومع العيون الواقعة على جانبي رأسه، يتمتع هذا القرش برؤية ثلاثية الأبعاد للمحيط. وهذا يعني أن بإمكانه الرؤية في كل مكان - بما في ذلك الأعلى والأسفل - في الوقت نفسه. كما أن مواقع عيون القرش تمنحه إدراكًا ممتازًا للعمق. إنك تستخدم إدراك العمق لتتبع الكرة والإمساك بها. أما القرش، فيحتاج إليه لتعقب الفريسة المتحركة واصطيادها.

الإحساس بالمسافات الطويلة

تستخدم أسماك قرش المطرقة العظيم الحاسة نفسها لإيجاد طريقها مئات الأميال عبر المحيط والعودة مرة أخرى. فهي تهاجر إلى المياه الدافئة بالقرب من خط الاستواء في الشتاء، وإلى المياه الباردة بالقرب من القطبين في الصيف. إنها تهاجر للعثور على الغذاء، والولادة، أو العثور على أقرانها.

تعيش قروش المطرقة في المياه الاستوائية وشبه الاستوائية في جميع أنحاء العالم.

قرش غرينلاند

يسبح قرش غرينلاند ببطء وبهدوء تحت الجليد القطبي. ويساعد اللون الداكن للقرش العملاق على الاندماج في الأعماق المظلمة. يطارد القرش إحدى الفقمات، ويتبعها سرًا نحو سطح الماء. تسبح الفقمة نحو فتحة في الجليد لالتقاط نفسٍ من الهواء. والقرش في إثرها. هل سيمسك القرش بالفقمة عندئذ؟ أم أنه سينتظر حتى تنام الفقمة في الماء؟ في كلتا الحالتين، لن تعرف الفقمة بوجود السمكة العملاقة حتى يفوت الأوان.

استرداد الأنفاس
تخرج فقمات البحر إلى الهواء مرة واحدة كل 30 دقيقة تقريبًا. كما أنها تسحب أنفسها، أو تستريح، على الصخور والشواطئ والجليد المنجرف للهروب من المفترسات.

السمكة الكبيرة
قرش غرينلاند هو أكبر سمكة بالقطب الشمالي.

كلمة واحدة تصف مفترس القمة هذا: الشبح. طول قرش غرينلاند مساوٍ لطول القرش الأبيض الكبير أو أطول منه قليلًا. لكن بينما يستخدم القرش الأبيض الكبير السرعة، يعتمد قرش غرينلاند على الدهاء والقدرة المذهلة على التسلل نحو الفريسة.

حراشف حادة
على العلماء توخي الحذر عند التعامل مع قرش غرينلاند. فحراشفه الحادة يمكن أن تقطع أيديهم وتخترق بدلات الغوص السميكة التي يرتدونها.

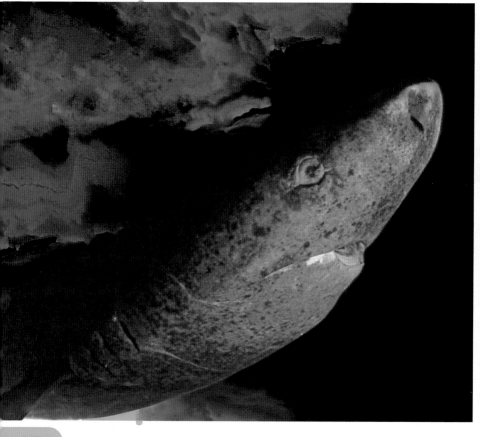

يسبح هذا القرش الذي نادرًا ما يُرى، وغالبًا ما يوصف بأنه أبطأ قرش بالعالم، باسترخاء. وربما يستغرق تحريك ذيله من جانب إلى آخر 30 ثانية. لكن السرعة ليست كل شيء، وتظهر الدراسات أن قرش غرينلاند ربما يكون أسرع مما كان يُعتقَد من قبل؛ إذ إنه يسبح بسرعة في اندفاعات قصيرة. وبحسب ما ورد، أصيب العلماء بالدهشة من قروش غرينلاند

العض واللف
يستخدم قرش غرينلاند أسنانه العليا المدببة للإمساك بالفريسة. ثم يلف رأسه لاقتطاع جزء من اللحم بأسنانه السفلى. وهو يُخلِّف جروحًا مستديرة جراء عض الفرائس الكبرى.

القروش النائمة
تدخل قروش غرينلاند تحت مجموعة تسمى القروش "النائمة" بسبب حركتها البطيئة عبر المياه الباردة والعميقة.

كبيرة تتعقبهم أو تطاردهم إلى سطح المياه، تمامًا كما يفعل القرش مع الفقمة. ولحسن الحظ، وبينما اقتربت القروش للغاية، فإنها لم تفعل إلا مشاهدة العلماء. فنظامها الغذائي يتكون في الغالب من الفرائس التي تتحرك بسرعة أكبر. وتتغذى قروش غرينلاند الأصغر سنًا أو حجمًا على الحبار. وتتغذى القروش الأكبر سنًا والأكبر حجمًا على الأسماك والفقمات.

الغذاء البري
يتغذى قرش غرينلاند حتى على الحيوانات البرية -مثل الرنة والأيل والدب القطبي- التي تمشي بالقرب من حافة الماء أو تسقط فيه.

تعيش قروش غرينلاند في مياه تحت درجة التجمد! فالمواد الكيميائية الخاصة في دمائها تعمل وكأنها مضادات للتجمد. وتمنع المواد الكيميائية تجمد القروش، كما تجعل هذه القروش سامة عند تناولها.

ما أجمل الرائحة النتنة؟
تسبح قروش غرينلاند نحو الروائح الكريهة. فمثلها كمثل القروش الأخرى، رَمّامة، أي أنها تتغذى على الحيوانات الميتة.

حوت العَنْبَر
ربما تكون قروش غرينلاند فريسة لمفترس قمة أكبر منها: هو حوت العنبر. فقد يسعى الحوت وراء كبد القرش الكبيرة الغنية بالدهون. لكن على الحوت أن يتجاوز حراشف جلد القرش الحادة أولاً.

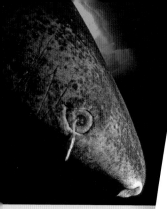

وتقضي قروش غرينلاند معظم وقتها على أعماق تتراوح بين 1312 و 2297 قدمًا (400 إلى 700 متر). لكنها قد تبحر إلى أعماق أبعد. ففي عام 1988، شوهد ذكر يبلغ طوله 20 قدمًا (6 أمتار) على عمق 1.4 ميل (2.2 كم) بالقرب من حطام سفينة قديمة. تبلغ أعمار قروش غرينلاند على الأقل 250 عامًا، وبرغم ذلك، قد تتجاوز أعمار بعضها 500 عام. وهذا يعني أن القرش الموجود بالقرب من حطام السفينة ربما كان هناك عندما غرقت السفينة قبل أكثر من 160 عامًا!

مصاب بالعمى

غالبًا ما يكون لدى قروش غرينلاند طفيليات متعلقة بإحدى العينين أو كلتيهما، مما يجعل القروش عمياء جزئيًا أو كليًا. ومع ذلك، فلا يبدو أن هذا الأمر يزعج القروش. فهي تعتمد على حواسها الأخرى في أعماق البحر المظلمة.

أمهات مخضرمات

لا تستطيع الإناث الإنجاب حتى يبلغن 150 عامًا من العمر.

41

القرش المتشمس

افتح الفم ... اسبح ... دع الطعام يدخل ... كرّر. يسبح القرش المتشمس ببطء بفمه الهائل المفتوح على مصراعيه.

شعيرات خاصة في خياشيم القرش تحجز فتات الغذاء. لأجل الحصول على الغذاء، تسبح آكلة العوالق الضخمة هذه وأفواهها مفتوحة، وتغلق فكيها كل 30 إلى 60 ثانية. بعد جمع المياه، تعمل الخياشيم على تصفية المياه من خلال خمسة خياشيم كبيرة، مع التقاط العوالق. وتعمل القروش

خياشيم كبيرة ضخمة
لمعظم القروش خياشيم صغيرة على جانبي رؤوسها. أما الخياشيم العملاقة للقرش المتشمس، فتدور حول رأسه كله تقريبًا.

صغارٌ ضخمة
يبلغ طول القرش المتشمس حديث الولادة من 5 إلى 6 أقدام (1.5 إلى 1.8 أمتار). وهذا حجم البالغ من البشر.

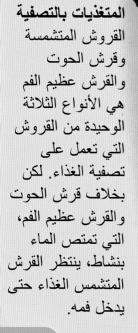

المتشمسة على تصفية ما يقارب 6000 لتر من المياه في الساعة. بعد حوالي 30 ثانية، يطبق القرش فمه. ثم يفتح فمه ويبدأ عملية التغذية من جديد.

تحظى القروش المتشمسة على مكانة مفترس القمة بالحجم وحده. فهذا القرش الضخم هو ثاني أكبر القروش في العالم. وربما تصل القروش الكبيرة إلى طول الحافلة المدرسية! ويمنع حجمها ووزنها معظم المفترسات، إن لم تكن كلها، من اصطيادها.

القروش القافزة
تخترق القروش المتشمسة المياه أو تقفز منها. وربما تخترق المياه من أجل التواصل مع القروش المتشمسة الأخرى.

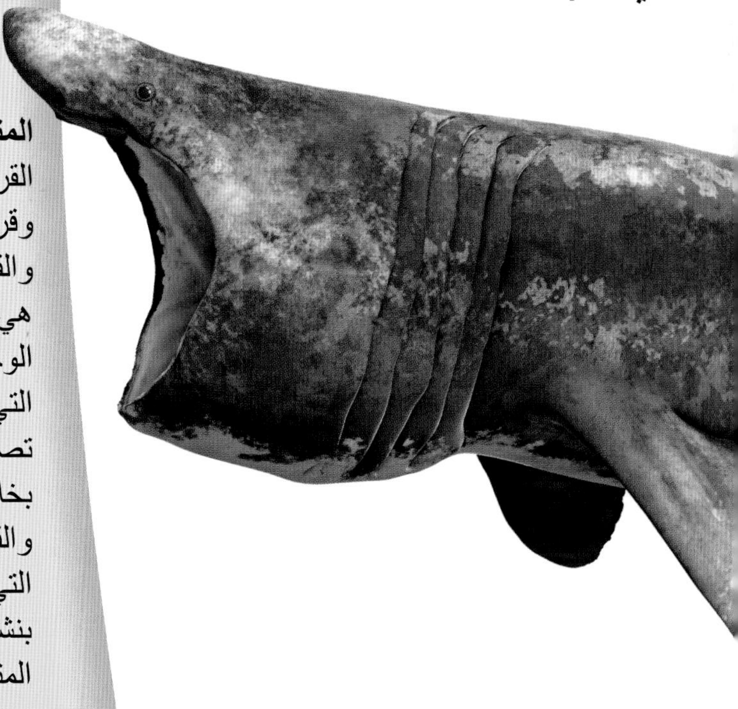

المتغذيات بالتصفية
القروش المتشمسة وقرش الحوت والقرش عظيم الفم هي الأنواع الثلاثة الوحيدة من القروش التي تعمل على تصفية الغذاء. لكن بخلاف قرش الحوت والقرش عظيم الفم، التي تمتص الماء بنشاط، ينتظر القرش المتشمس الغذاء حتى يدخل فمه.

لقد نال القرش المتشمس اسمه لأنه يتشمس، أو يستلقي، في الشمس على سطح المياه. لكن عاشق الشمس هذا يقضي كذلك أشهرًا في أعماق البحار، وصولًا إلى 3000 قدم (900 متر). إنها قروش ضخمة، لكنّ غذاءها ليس كذلك. إذ تعمل القروش المتشمسة على تصفية العوالق الأصغر من حبات الأرز. وتشمل العوالق النباتات الصغيرة والحيوانات والبيض. ولكي يملأ القرش

إحصاءات صاعقة
ربما يزيد اتساع فم القرش المتشمس عن ثلاثة أقدام (متر واحد). وهذا تقريبًا حجم طوق هولا هوب! وربما يطول لسانه عن قدمين (0.8 متر)، وهو تقريبًا طول لوح التزلج. كما قد يزداد طول زعنفته الظهرية عن ستة أقدام (2 م).

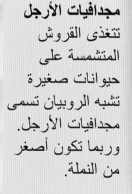

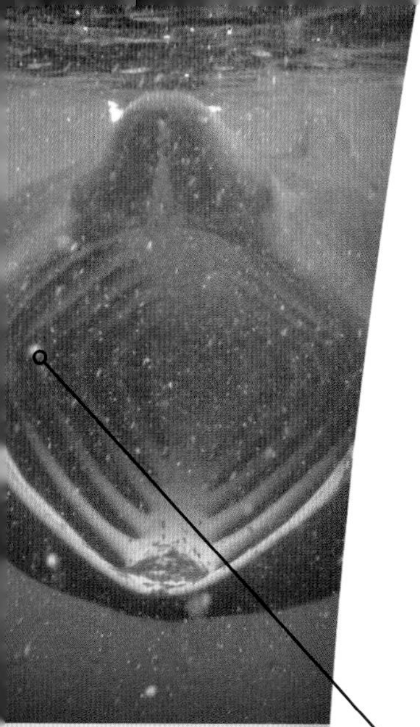

المتشمس بطنه، فإنه يعمل على تصفية 2000 طن (1814 طنًا) من المياه في الساعة. وهذا يقارب قدر المياه في حوض للسباحة.

وربما تزن كبد القرش المتشمس الكبير 2500 رطل (1134 كجم)! تخزن الكبد الزيت، الذي يوفر الطاقة حال عدم توفر الغذاء، أو في أثناء مواسم الهجرة الطويلة التي لا يصطاد فيها القرش. كما تساعد الكبد القرش على الطفو.

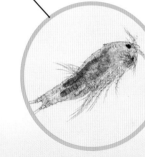

مِجدافيات الأرجل

مجدافيات الأرجل

تتغذى القروش المتشمسة على حيوانات صغيرة تشبه الروبيان تسمى مجدافيات الأرجل. وربما تكون أصغر من النملة.

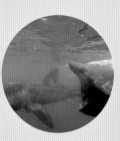

البقاء منفصلين

تعيش الذكور والإناث من القروش المتشمسة وتصطاد في أماكن مختلفة.

القرش الأبيض الكبير

قبالة الساحل، ينتظر القرش الأبيض الكبير. إنه يجد المكان المثالي للاختباء في الظلال. يستمع القرش الجائع لفقمات الفيلة أو أفيال البحر، وَيَشْتَمّ روائحها، ويشاهدها. تنزلق إحدى الفقمات تحت الأمواج. وتسبح لفترة قصيرة قبل أن ينطلق القرش الأبيض إلى الأعلى من الأسفل. ويوجه مفترس القمة هذا ما قد يكون عضة قاتلة من الخلف. تواصل الفقمة الجريحة السباحة. وينتظر القرش

التدفئة بالدهون
توفر طبقة الدهون السميكة لأفيال البحر كثيرًا من السعرات الحرارية. وتخزن القروش هذه الطاقة في أكبادها. وتتغذى القروش على هذه الطاقة في مواسم هجرتها البعيدة عندما لا تتناول الغذاء.

شم الهواء
تخرج أسماك القرش الأبيض الكبير رؤوسها من المياه من أجل النظر حولها والتقاط الروائح من الهواء.

حتى تضعف الفقمة. ثم يعمل القرش على تقطيع أجزاء من لحمها بصفوف أسنانه الحادة ويبتلعها كاملة.

في فصل الشتاء، وخلال موسم ولادة صغار الفقمات وأسود البحر، يصطاد القرش الأبيض الكبير على طول الساحل الغربي لأمريكا الشمالية من المكسيك إلى ألاسكا، بالولايات المتحدة الأمريكية. إذ تأتي الفقمات وأسود البحر إلى الشاطئ لوضع صغارها. تنتظر أسماك القرش الأبيض الكبير الفقمات وأسود البحر عند دخولها المياه بحثًا عن الغذاء. وبانتهاء موسم ولادة الصغار، تتجه الفقمات وأسود البحر في اتجاهات مختلفة إلى البحر. وتغادر القروش هي الأخرى.

حجم فيل البحر

الذكر من أفيال البحر في طول السيارة ووزنها. أما الإناث، فهي أصغر بكثير.

الانسلاخ

تأتي أفيال البحر وفقمات البحر وأسود البحر الكاليفورنية هي الأخرى إلى الشاطئ من أجل الانسلاخ. والانسلاخ هو طرحها لفرائها القديم ونمو فراء جديد.

كان يُعتقد لفترة طويلة أن معظم القروش وخاصة أسماك القرش الأبيض الكبيرة مخلوقات انعزالية. لكن الدراسات الحديثة لأسماك القرش الأبيض العظيم والقروش الأخرى تروي قصة مختلفة تمامًا.

استخدم العلماء أنواعًا مختلفة من التكنولوجيا لعمل دراسة "وسم اجتماعي" لمعرفة المزيد حول كيفية تفاعل القروش.

وشملت هذه التكنولوجيا روبوتات AUV ووسومًا إلكترونية وصوتية.

مفترس أمام مفترس

الأوركا، أو الحيتان القاتلة، هي الأخرى من مفترسات القمة. يغادر القرش الأبيض الكبير عندما تظهر الأوركا في مستوطنات الفقمات وأسود البحر، أو في مستعمرات تكاثرها. وفي بعض الأحيان، تتحرك القروش لمسافة آمنة وتنتظر. وفي أحيان أخرى، تغادر القروش بحثًا عن مستعمرة أخرى لبقية الموسم.

تتعقب الوسوم الإلكترونية مكان سباحة أسماك القرش ومدى سرعتها، ومتى دارت أو غطست. كما تتعقب هذه الوسوم أيضًا معلومات مثل درجة حرارة المياه. وتُسجَل الوسوم الاجتماعية عندما تقترب القروش من قروش أخرى موسومة.

ولقد كشفت الوسوم الاجتماعية أن أسماك القرش الأبيض الكبير ربما تسبح وتتغذى معًا على نحو أكبر مما كان يعتقد من قبل. فبينما حافظت بعض القروش على المسافات بينها، سبحت قروش أخرى في كثير من الأحيان على مسافة 100 قدم (30 متر) بين بعضها البعض. وفي حالة خاصة، بدا اثنين من القروش اجتماعيين للغاية، إذ تفاعلا مع العديد من الأفراد المختلفين وسبحا أحيانًا مع قروش أخرى لأكثر من ساعة. ويظن العلماء أن هذا السلوك الاجتماعي ربما يكون من وسائل مشاركة المعلومات.

لم تصطد القروش معًا، لكنها تحركت بسلام في المواقع والاتجاهات نفسها. وكأنها نوع من البشر في محل بقالة، يبحثون عن الطعام في المكان نفسه.

الوسوم المتصلة بالأقمار الصناعية
ترسل العديد من الوسوم إشارات إلى الأقمار الصناعية التي تتعقب تحركات القروش ومواقعها. ويعكف العلماء على تنزيل البيانات وتحليلها.

الوسوم المؤقتة
الوسوم مصممة لتسقط من القرش بعد فترة زمنية معينة. ويجمع العلماء المعدات من سطح المحيط.

كان يُعتقد لفترة طويلة أن معظم القروش وخاصة أسماك القرش الأبيض الكبيرة مخلوقات انعزالية. لكن الدراسات الحديثة لأسماك القرش الأبيض العظيم والقروش الأخرى تروي قصة مختلفة تمامًا.

استخدم العلماء أنواعًا مختلفة من التكنولوجيا لعمل دراسة "وسم اجتماعي" لمعرفة المزيد حول كيفية تفاعل القروش.

وشملت هذه التكنولوجيا روبوتات AUV ووسومًا إلكترونية وصوتية.

مأدبة القروش
وثقت لقطات فيديو تناوب أسماك القرش الأبيض الكبير الدور من أجل اقتسام بقايا حوت كبير.

تتعقب الوسوم الإلكترونية مكان سباحة أسماك القرش ومدى سرعتها، ومتى دارت أو غطست. كما تتعقب هذه الوسوم أيضًا معلومات من مثل درجة حرارة المياه. وتُسجَل الوسوم الاجتماعية عندما تقترب القروش من قروش أخرى موسومة.

ولقد كشفت الوسوم الاجتماعية أن أسماك القرش الأبيض الكبير ربما تسبح وتتغذى معًا على نحو أكبر مما كان يعتقد من قبل. فبينما حافظت بعض القروش على المسافات بينها، سبحت قروش أخرى في كثير من الأحيان على مسافة 100 قدم (30 متر) بين بعضها البعض. وفي حالة خاصة، بدا اثنين من القروش اجتماعيين للغاية، إذ تفاعلا مع العديد من الأفراد المختلفين وسبحا أحيانًا مع قروش أخرى لأكثر من ساعة. ويظن العلماء أن هذا السلوك الاجتماعي ربما يكون من وسائل مشاركة المعلومات.

لم تصطد القروش معًا، لكنها تحركت بسلام في المواقع والاتجاهات نفسها. وكأنها نوع من البشر في محل بقالة، يبحثون عن الطعام في المكان نفسه.

أحيانًا ما تقفز أسماك القرش الأبيض الكبير من المياه للإمساك بالفريسة.

أظهرت التكنولوجيا كذلك أن بعض أسماك القرش الأبيض الكبير تقضي بعض الوقت في بيئات غير متوقعة، منها المياه العميقة.

ففي كل خريف، يعود القرش الأبيض الكبير إلى جزيرة غوادالوبي بالمكسيك لصيد الفقمات وأسود البحر. وعلى مدار سنوات، راقب العلماء كيف تصطاد أسماك القرش الأبيض الكبير في المياه الضحلة.

مَمَصّات الحبار الجامبو
للحبار العملاق هياكل حادة تشبه الأسنان حول الجزء الخارجي من ممصاته. وهو يستخدمها للتعلق بالفريسة ومحاربة المفترسات.

بقعة الاختفاء
اعتقد العلماء أن أسماك القرش الأبيض الكبير لا تدخل غابات عشب البحر أو تصطاد فيها. لكن الكاميرات الصغيرة المثبّتة بأسماك القرش الأبيض الكبير قبالة ساحل جنوب إفريقيا أظهرت قروشًا مختبئة في الطحالب البحرية، وربما كان ذلك من أجل اصطياد صغار الفقمة.

لكن ما الذي تصطاده القروش غير ذلك، وأين؟ يصل البالغون والشباب الذكور من أسماك القرش الأبيض الكبير قبل أشهر من وصول أفيال البحر. وقد استخدم الباحثون روبوت AUV لمتابعة ذكور القرش ومراقبتها وتصويرها. وتُظهر اللقطات غوص القروش إلى منطقة الغَلَس: أعماق المياه التي يتلاشى فيها ضوء الشمس ويظلم المحيط. وهناك يصطاد القرش الأبيض الكبير الأنواع الضخمة من الحبّار مثل حبّار النيون الطائر والحبّار الجامبو والحبّار العملاق. وتُظهر الندوب الموجودة على رؤوس أسماك القرش الأبيض الكبير وأجسامها الناتجة عن الممصات الحادة للحبار أنه لا يستسلم لمفترس القمة هذا بسهولة.

التغير في النظام الغذائي

مثل القرش الأبيض الكبير كمثل القروش الأخرى؛ إذ يتغير نظامه الغذائي مع نموه. فالقروش الأصغر سنًا تصطاد فرائس صغرى. أما القروش الأكبر سنًا، فتصطاد الثدييات البحرية الكبيرة، مثل الفقمات وأسود البحر والدلافين، وكذلك الحبار الكبير والأسماك.

اللقب

يسمى القرش الأبيض الكبير أيضا باسم البوينتر (المؤشر) الأبيض.

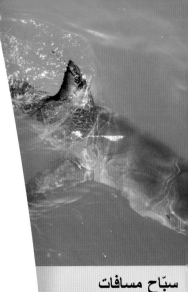

اكتشاف آخر أدهش العلماء وفاجأهم. بعد موسم ولادة الصغار، تغادر أسماك القرش الأبيض الكبير ساحل المحيط الهادئ في أمريكا الشمالية وتتجه غربًا. وفي هذه الأثناء، تتجه أسماك القرش الأبيض الكبير في هاواي، بالولايات المتحدة الأمريكية، شرقًا. ويلتقيان في المحيط الهادئ، في مكان ما بين هاواي والمكسيك، يسميه العلماء مقهى القرش الأبيض.

سبّاح مسافات طويلة
لقد تعقب العلماء إحدى أسماك القرش الأبيض الكبير الموسومة والتي تُلقّب باسم نيكول وهي تسبح لمسافة 6200 ميل (11000 كم) من جنوب أفريقيا إلى أستراليا ثم تعود.

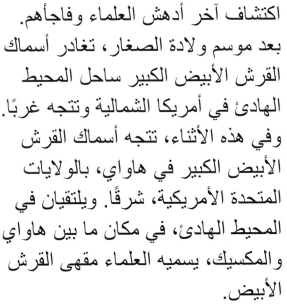

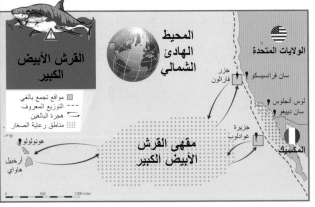
خريطة تتبع مقهى القرش الأبيض من كاليفورنيا والمكسيك وهاواي

واصلوا التعقب
لقد وضع برنامج تتبع واسع النطاق في أستراليا الوسوم المتصلة بالأقمار الصناعية والوسوم الصوتية على أكثر من 250 قرشًا منذ عام 2000.

تبلغ مساحة مقهى القرش الأبيض تقريبًا مساحة نيو مكسيكو، في الولايات المتحدة الأمريكية. وتقضي القروش، وهي هناك، الكثير من الوقت في مياه أعمق وأكثر ظلمة. ولقد اكتشف العلماء أن أسماك القرش الأبيض الكبير تسافر إلى هناك من أجل الصيد.

هل هناك مقاهٍ أخرى هناك؟ لا أحد يعرف. وفي جميع أنحاء العالم، تغادر أسماك القرش الأبيض الكبير البالغة المناطق الساحلية، ولا يزال المكان الذي تذهب إليه لغزًا.

التقنية في الحركة
لقد استخدم العلماء المركبات السطحية غير المأهولة (USV) لدراسة أسماك القرش الأبيض الكبير التي تسافر إلى المقهى. وتسافر المركبات لمسافات طويلة على سطح المياه باستخدام طاقة الرياح والطاقة الشمسية. ثم إنها تنقل المعلومات من وسوم القروش إلى الأقمار الصناعية.

البحث عن الأصدقاء
تعبر أسماك القرش الأبيض الكبير الجنوب إفريقية وتلك الموجودة في غرب أستراليا المحيط الهندي من أجل التفاعل.

على القمة، لكنه ليس لا يُقهَر

قد يكون القرش الأبيض الكبير وغيره من أسماك القرش في أعلى شبكة الغذاء، لكنها لا تزال تتعرض للخطر. فالعديد من القروش مهددة ومعرضة للانقراض بسبب الصيد الجائر وتدمير البيئات وغيرها من التحديات التي يسببها الإنسان.

وهذا يجعل الإنسان مفترس القمة الأكثر خطورة وإماتة.

فعلى سبيل المثال، يقتل البشر حوالي 20 مليونًا من أسماك القرش الأزرق كل عام. وهذا يعني أن أسماك القرش الأزرق هي أكثر القروش عرضة للصيد الجائر في العالم.

أسماك قرش المطرقة العظيم معرضة للانقراض. إذ يصطاد البشر بالخطأ قروش المطرقة في الشباك الموضوعة لصيد أنواع أخرى من الأسماك. كما يتعمد البشر اصطياد قروش المطرقة سعيًا وراء زعانفها للحصول على حساء زعانف القرش.

الصيد الجائر للقروش

لأن الصيد الجائر للقروش، فقط بسبب زعانفها الكبيرة في بعض الأحيان، قد قلل من أعدادها إلى مستويات منخفضة على نحو خطير، فقد جعلت بلدان كثيرة شراء زعانف القرش وبيعها غير قانوني.

أعداد متدنية

انخفضت أعداد أسماك قرش الماكو قصيرة الزعانف بنسبة 80 في المائة تقريبًا في شمال المحيط الأطلسي، ربما بسبب الصيد الجائر.

الغذاء البحري
تعد القروش والأسماك الأخرى جزءًا مهمًا في النظام الغذائي لكثير من الأشخاص.

وقد سببت كل أشكال الصيد الجائر هذه انخفاضًا حادًّا في أعداد قروش المطرقة. وتصل نسبة هذا الانخفاض إلى 90 في المئة ببعض الأماكن.

أما القروش المتشمسة، فلها قليل من المفترسات الطبيعية. والبشر هم ألد أعدائها. فخلال القرن الماضي، اصطاد البشر القروش المتشمسة حتى كادت أن تنقرض في بعض أجزاء من العالم. ولقد أساء البشر الظن بأن القروش كانت تتغذى على بعض الأسماك نفسها التي كانوا يتغذون عليها، مما خلق منافسة بينهم وبين القروش.

أما اليوم، فالعديد من البلدان توفر الحماية للقروش المتشمسة. تساعد المجموعات المدنية للعلوم وكذلك الصيادين بإبلاغ العلماء عن مشاهدات القروش. ويستخدم علماء الأحياء هذه المعلومات لتتبع أعداد القروش المتشمسة ومواقعها. وفي بعض الأماكن، مثل شمال المحيط الأطلسي، بدأت أعداد القروش المتشمسة في النمو ببطء.

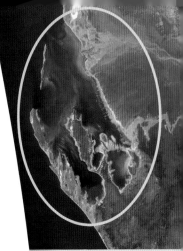

القروش التي تعد مفترسات قمة تُعتبر ضرورية في نظمها البيئية. وإليك مثال لكيفية ذلك.

أعداد السلاحف البحرية آخذة في الازدياد، وذلك بفضل الجهود القوية لإنقاذ هذه الزواحف المهددة. لكن لسوء الحظ، في بعض تلك المواقع نفسها، تعرضت القروش للصيد الجائر. وبالتالي، فإن المفترس الأول للسلاحف البحرية غير موجود، مما يتيح للزواحف الكبيرة الإفراط في تناول الأعشاب البحرية. والأعشاب البحرية هي بيئة مهمة وغذاء لكثير من الحيوانات. كما أن لها دورًا جوهريًا في صحة كوكبنا. إذ تمتص المروج ثاني أكسيد الكربون، مما يساعد على ضبط المناخ.

الأعشاب البحرية من الفضاء
هناك أنواع شتى من الأعشاب البحرية في كافة أنحاء العالم، من المياه الدافئة إلى المحيط المتجمد الشمالي. بعض المروج كبيرة بما يكفي لرؤيتها من الفضاء!

ويعد فهم دور مفترسات القمة مثل القروش أمرًا مهمًّا. إذ ترسم المعلومات للعلماء صورة أفضل عن كيفية عمل النظام البيئي. وهي توضح لهم كيف تتفاعل الحيوانات وتعيش في موطن معين. كما تساعدهم على فهم العلاقات بين المفترس والفريسة. وتعد هذه المعلومات حاسمة في حماية الأنواع وبيئاتها. وعندما نحمي مفترسات القمة، فإننا نحمي النظم البيئية بأكملها.

أماكن رعاية صغار القرش
تلد قروش كثيرة بالقرب من الشاطئ وفي الخلجان المحمية. وتوفر أماكن رعاية الصغار بالمياه الضحلة تلك الحماية من المفترسات الكبرى. وحماية أماكن رعاية الصغار يساعد على حماية القروش.

معرض قروش القمة

قرش النمر
الحجم: 10 إلى 14 قدمًا (3 إلى 4.3 م) بحد
أقصى 18 قدمًا (5.5 م) طول
المدى العمري: 20 إلى 27 عامًا، ربما يصل
إلى 50 عامًا

قرش الثور
الحجم: 5.9 إلى 7.4 أقدام (1.8 إلى 2.3 م)
بحد أقصى 12 قدمًا (3.7 م) طول
المدى العمري: يصل إلى 32 عامًا

قرش الماكو قصير الزعانف
الحجم: الإناث 9 أقدام (2.7 م) طول؛ الذكور
7 أقدام (2 م) طول
المدى العمري: 30 عامًا

قرش المطرقة العظيم
الحجم: 6.8 إلى 9.8 أقدام (2 إلى 3 م)
بحد أقصى 18.4 إلى 20 قدمًا
(5.6 إلى 6 م) طول
المدى العمري: يصل إلى 30 عامًا

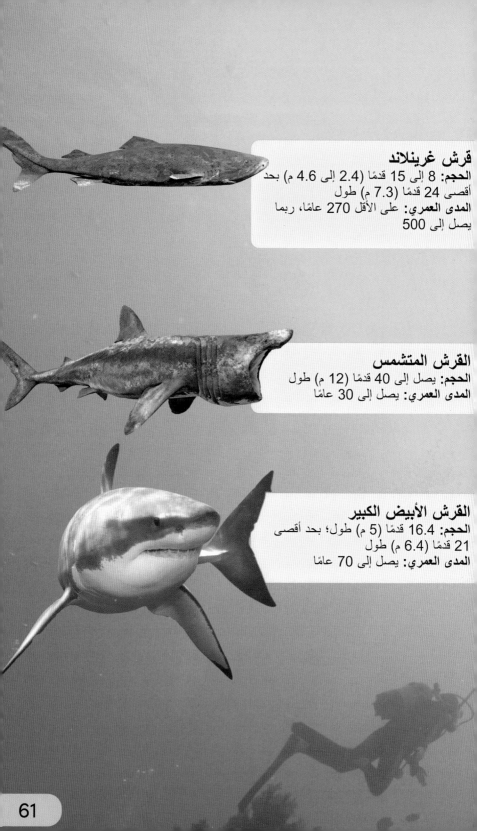

قرش غرينلاند
الحجم: 8 إلى 15 قدمًا (2.4 إلى 4.6 م) بحد
أقصى 24 قدمًا (7.3 م) طول
المدى العمري: على الأقل 270 عامًا، ربما
يصل إلى 500

القرش المتشمس
الحجم: يصل إلى 40 قدمًا (12 م) طول
المدى العمري: يصل إلى 30 عامًا

القرش الأبيض الكبير
الحجم: 16.4 قدمًا (5 م) طول؛ بحد أقصى
21 قدمًا (6.4 م) طول
المدى العمري: يصل إلى 70 عامًا

المسرد

مصابيح لورنزيني
مسام حسية على رأس القرش وأنفه تكتشف التيارات الكهربائية

ذو دم بارد
حيوان لا يستطيع أن يولد حرارته بنفسه وتكون درجة حرارته هي درجة حرارة الجو المحيط به

النظام البيئي
تفاعلات بين النباتات والحيوانات والبيئة التي تعيش فيها

مُعرّض للانقراض
أنواع الحيوانات المعرضة لخطر الفناء

الزعانف
تستخدمها القروش للسباحة والدوران والتوقف، وللاستقرار والتوازن

الخياشيم
تستخدمها القروش للتنفس

البيئة أو الموطن
مكان يعيش فيه الحيوان

الصيد الجائر
إخراج الأسماك أو حيوانات المحيط على نحو أسرع من قدرة الحيوانات على التكاثر من أجل الحفاظ على الأعداد المناسبة

المجتمعات
المجموعات من نفس النوع من الحيوانات والتي تعيش وتتنقل وتتكاثر في المنطقة نفسها

المُفتَرِس
حيوان يتغذى على حيوانات أخرى

الفريسة
حيوانات تتغذى عليها المفترسات

مستوطنة
مستعمرة تكاثر، لحيوانات مثل الفقمات أو أسود البحر

الأقمار الصناعية
مركبات فضائية تدور حول الأرض لجمع المعلومات

الأعشاب البحرية
نوع من النباتات التي تنمو في مياه البحر الضحلة؛ له جذور ويحصل على طاقته من الشمس.

الطحالب البحرية
نوع من الطحالب؛ يحصل على طاقته من الشمس لكنه بلا جذور.

منطقة الغلس
منطقة تقع على عمق يتراوح بين 600 إلى 3300 قدم (200 إلى 1000 م) من المحيط

ذو دم حار
حيوان يمكنه توليد حرارة جسمه، بغض النظر عن درجة الحرارة المحيطة به

الفهرس

الأطوم 13-17
الأخطبوطات 19، 33
الاختراق 43، 51
الآذان 11
الاستماع 11، 46
أسماك الورنك 32، 33
الأسنان 11، 18، 38، 47، 52
أسود البحر 19، 47، 48، 49، 52
أسود البحر الكاليفورنية 47
أبقار البحر شاهد الأطوم
الأعشاب البحرية 12-17، 58
أماكن رعاية الصغار 59
الإنسان والقرش 27، 56، 57
الانسلاخ 47
الأنياب 16
الأوركا 48
تقنيات الصيد 21، 26
التكيفات 28
تماسيح المياه المالحة 24
التمويه 14، 29، 36
ثعابين البحر 12، 13، 15، 16
الحبار 33، 39، 52، 53
الحبار الجامبو 52، 53
الحبار العملاق 52، 53
حساء زعانف القرش 56
حوت العنبر 40
الخط الجانبي 10
خليج القرش، أستراليا الغربية 12-17
الخياشيم والشقوق الخيشومية 11، 42
الدلافين 12-16، 53
الذيل 10
الراي اللاسع 14، 19، 32، 33
الرمّام 40
الروبوتات 48، 49، 51، 53
الزعانف الحوضية 10
الزعانف الصدرية 11
الزعانف الظهرية 10، 44
السلاحف 12، 15، 18، 49، 58
السلاحف البحرية 12، 15، 18، 49، 58
السلاحف البحرية الخضراء 12، 18
السلاحف ضخمة الرأس 18
شبكة الغذاء 6-9، 16
شمّ الروائح 22، 23
الصيد الجائر 56-58
الطيور البحرية 12، 19
العضلات 31
تشريح القرش 10-11
العيون 11، 35، 41
فتحات الأنف 11، 23
الفقمات 36، 39، 46، 47، 52، 53
فقمات البحر 36، 47
فقمات الفيلة أو أفيال البحر 46، 47
القرش الأبيض الكبير 46-55
القرش الأزرق 56
قرش الثور 23-27
قرش الحوت 43
قرش الماكو 28-31، 56، 60
قرش الماكو طويل الزعانف 29، 30
قرش الماكو قصير الزعانف 28-31، 56، 60
القرش المتشمس 42-45، 57، 61
قرش المطرقة 32-35، 60
قرش المطرقة العظيم 32-35، 56
قرش النمر 12-21
القرش عظيم الفم 42
قرش غرينالند 36-41
القروش النائمة 38
القروش ذوات الدم البارد 30
القروش ذوات الدم الحار 30
الكاميرات 20
الكبد 40، 45، 46
كاميرا القرش 20
المتغذيات بالتصفية 43
المجال المغناطيسي 34
المركبات السطحية غير المأهولة (USV) 55
المركبات المستقلة تحت الماء (AUV) 48-53
المسام الحسّية 34
مصابيح لورنزيني 11، 34
مصبات الأنهار 26
مفترسات القمة 4-9
مقهى القرش الأبيض 54، 55
منطقة الغلس 53
النظام البيئي 58، 59
الهجرة 12، 35
الوسم الاجتماعي 51
وسم القروش 20، 49، 55
الوسوم المتصلة بالأقمار الصناعية 49

اختبار

أجب عن الأسئلة لمعرفة ما تعلمت. راجع إجاباتك من دليل الحل أدناه.

1. أي القروش يعيش مئات السنين؟

2. أي القروش يسبح في أعالي الأنهار؟

3. صواب أم خطأ: تطعم إناث القروش صغار القروش حديثة الولادة.

4. كيف حصل القرش المتشمس على اسمه؟

5. كيف يجد قرش المطرقة غذاءه؟

6. ما أسرع أنواع القروش؟

7. ماذا يحدث لو لم توجد مفترسات القمة؟

8. ماذا يفعل قرش النمر إذا شاهدته فريسته؟

1. قرش جرينلاند 2. قرش الثور 3. خطأ 4. ينعمون، أو يستلقون، في الشمس على سطح الماء 5. يستخدم مصابيح لورنزيني التي لديه من أجل الإحساس بالفريسة تحت الرمال 6. قرش الماكو قصير الزعانف 7. ربما تتعطل شبكة الغذاء بأكملها حتى إنها قد تتدمر 8. يكف عن الصيد ويبحث عن فريسة أخرى